Kim Lorenz

Langeoog
Malbuch

Insel Motive

zum Ausmalen

Bibliografische Information der Deutschen Nationalbibliothek:
Die Deutsche Nationalbibliothek verzeichnet diese Publikation in der Deutschen Nationalbibliografie; detaillierte bibliografische Daten sind im Internet über http://dnb.dnb.de abrufbar.

Herstellung und Verlag:
BoD – Books on Demand, Norderstedt
ISBN 978-3-7528-6240-9

SCHIFFAHRT

Inselbahn
Langeoog
LOK 5

Strandkorb-Service
Strandkorb-Service

Natur pfad
Flinthörn

HARMS-GUSS

LANGEOOG

DLRG
Langeoog
Ostbad

Strandkorb-Service
Strandkorb-Service
Strandkorb-Service

LOSTER LOCCUM

SCHIFFAHRT
LANGEOOG

Inselbahn
Langeoog